EPREUVE

DES

CARACTERES

DE LA FONDERIE

DE

BRIQUET.

A PARIS,

Cloître Saint Benoît.

M. DCC. LVII.

Quelques-uns de mes Confréres ayant donné au Public des modéles ou épreuves des caractéres de leur Fonderie, j'ai cru qu'il étoit à propos de faire part aux Curieux, d'un Recueil de mes Caractéres, depuis la Nompareille Romaine & Italique, jusques & compris le Gros double Canon Romain & Italique, tous lesquels caractéres sont assortis d'Italiques de nouveau goût que nous appellons arrondis.

La Nompareille, La Mignonne & le Petit Texte, sont gravés par le sieur Keblins. Le sieur Felix a gravé le Gros Canon, qui a servi à imprimer le gros Pseautier du nouveau Breviaire. Le sieur Desfrançois a gravé toutes nos nottes de plein-chant, depuis la plus petite, qui est de deux points de Petit Romain, jusques à la plus grosse, qui est de quatre points de Parangon. Les Nottes sont rouge & noir, & tout noir, & ont imprimé les Livres de chant du nouveau Breviaire, excepté le Graduel.

Ces nottes ont été trouvées si parfaites qu'elles ont servi à presque toutes les impressions que l'on a faites depuis le nouveau Breviaire. On peut s'en assurer en voyant les Livres d'Eglises de l'Ordre de Cîteaux, imprimés par M. Mariette; le Breviaire & autres livres nottés pour Chaalons en Champagne, par M. Seneuze; ceux imprimés par M. Leroux à Strasbourg; par M. Oursel à Rouen; par M. Jannot à Sens, les Livres de Bayeux, &c.

On aura la bonté d'observer que la justesse & l'égalité de ces nottes diminuent la multiplicité des Cassetins, l'*UT* d'en-haut faisant le *RE* d'en-bas; le *LA* faisant le *FA*; le *SOL* reste toujours *SOL*, &c.

Le Petit Romain gros œuil, Numero 10. la Philosophie, Numero 11. & le Cicero, Numero 12. passent pour des chefs-d'œuvres de Garamon, d'Hollande. Le Cicero gros œuil, qui a imprimé le Breviaire in-quarto, dont l'édition a été si-tôt enlevée, est admiré des Connoisseurs. Le Saint Augustin, Numero 16. est aussi du même Graveur. Le Cicero ordinaire, Numero 14 gravé par le sieur Desportes, Graveur du Roi, est d'une telle profondeur, & d'une si parfaite égalité d'œuil, que je ne cesse d'en faire des fontes pour un grand nombre d'Imprimeurs. Pour ce qui est des autres Caractéres qui ont été achettés en Hollande, il suffit de les voir pour juger de leur mérite.

A l'égard des Vignettes, il est facile de s'appercevoir qu'elles surpassent en nombre celles qui ont paru jusqu'à present, & dont j'ai copié les plus belles. Les autres sont de mon invention. Ces Vignettes ont un avantage qui se trouve rarement, c'est qu'elles sont toutes de la même hauteur, ce qui facilite beaucoup leurs combinaisons, par le moyen desquelles on peut composer toutes sortes d'ornemens, comme Fleurons, Cartouches, Vi-

gnettes tant pour l'in-folio , l'in-quarto , l'in-octavo , que pour l'in-douze ,
l'in-dix-huit , &c. Je fuis auffi en état de faire des Reglets & des Cro-
chets de toute efpece.

MM. les Imprimeurs qui voudront bien m'employer , auront la bonté
de m'envoyer des (mm) de leurs caracteres , pour fondre les miens de la
même hauteur. Le grand nombre de Moules que je poffede , & qui font
de la main de l'excellent Artifte nommé ci-deffus [le fieur Desfrançois]
me rend cette opération facile.

JE viens de remarquer que saint Paul dit, *Fuyez les profanes nouveautez de paroles* : il n'a pas dit les antiquitez, mais au contraire, il nous porte expreſſément à les ſuivre. S'il faut éviter la nouveauté, il eſt manifeſte qu'il faut s'attacher à l'antiquité ; & ſi la nouveauté, ſelon lui eſt profane, il s'enſuit neceſſairement que l'antiquité eſt ſacrée.

Et il ajoûte, *Fuyez tout ce qu'oppoſe une doctrine qui porte fauſſement le nom de ſcience.* C'eſt bien en effet ce que les Heretiques enſeignent, qui porte fauſſement le nom de ſcience. C'eſt chez eux que l'ignorance paſſe pour ſageſſe, le mauvais tems pour de beaux jours, & les tenebres pour la lumiere.

Il pourſuit, *Quelques-uns faiſant profeſſion de cette ſcience ſe ſont égarez de la foi.* De quelle ſcience ont-ils fait profeſſion ? ſinon d'une doctrine nouvelle & ignorée juſqu'ici. Ecoutons avec quelle inſolence quelques-uns d'entr'eux, oſent parler aux Fideles.

Venez, diſent-ils o miſerables que vous êtes & qui prnez vulgairement le nom de Catholiques ; venez pour apprendre la véritable Foi de nous. C'eſt nous qui en ſommes les ſeuls dépoſitaires ; perſonne ne l'eutend que nous. Elle a été cachée pendant pluſieurs ſiécles ; & par un privilege particulier, elle nous a été depuis peu revelée, mais il faut l'apprendre en cachette, en ſecret. Sans doute qu'elle vous donnera bien du plaiſir ; & quand vous l'aurez apriſep ſecrettement, enſeignez-la de même, de peur que le le monde ne l'entende, & que l'Egliſe ne vienne à s'en appercevoir ; car la grace de connoître un ſi grand myſtere eſt reſervée à pcu de perſonnes.

En verité ne ſont-ce pas là les paroles de cette Courtiſaune ? qui dans les proverbes de Salomon, appelle ceux qui paſſent leur chemin. *Que le plus fou d'entre vous*, dit-elle, *ſe détourne pour venir à moi*, & tache d'engager ainſi les plus inſenſez. *Prenez*, pourſuit-elle, *avec toute liberté les pains qui ſont cachez, & buvez à la dérobée l'eau que je vous préſente.*

Qu'arrive-t'il enſuite, dit Salomon, ? ces paſſant ignorent comment les habitans de la teere periſſent chez elle. Qui ſont, je vous prie, ces habitans de la terre ? Que ſaint Paul nous l'apprenne ? *Ce ſont ceux*, dit-il, *qui faiſant profeſſion d'une nouvelle ſcience, ſe ſont égarez de la Foy.*

Mais il eſt bon d'expliquer avec grand ſoin ce paſſage de l'Apôtre *O Thimotée !* dit-il, *gardez-le dépoſt qui vous a été confié ; fuyant les profanes nouveautez de paroles.*

L'ASCENSION DE N. S. JESUS-CHRIST.

LE Myſtère que l'Egliſe honore dans cette Fête, des plus anciennes & des plus ſolemnelles de toute l'année, eſt un Myſtère de triomphe & de gloire pour J. C. de conſolation, de joie & d'eſpérance pour les Chrétiens. J. C. après avoir accompli ſur la terre l'œuvre pour laquelle il avoit été envoyé, monte au ciel pour y jouir, à la droite de la Majeſté de Dieu, de la gloire éternelle qu'il a méritée par ſes humiliations & ſes ſouffrances. Il y monte comme notre Roi, notre Sauveur & notre Libérateur, pour achever & couronner la victoire ſur le monde, ſur l'enfer & ſur le péché : comme notre Chef, afin de prendre poſſeſſion du Royaume du Ciel, non-ſeulement pour lui-même, mais encore pour nous qui ſommes ſes membres : comme notre Médiateur, pour nous préſenter à ſon Père, nous donner accès auprès de lui, & conſommer notre réconciliation avec lui : enfin il y monte comme notre Souverain Pontife, pour porter dans le ſanctuaire céleſte le ſang qu'il a répandu, & pour intercéder pour nous auprès de Dieu, en lui offrant juſqu'à la fin du monde le prix de notre ſalut.

Suivons donc par la foi Jeſus-Chriſt montant au Ciel, & renonçant à toutes les affections terreſtres, habitons-y dès à préſent d'eſprit & de cœur, comme l'Egliſe le demande à Dieu dans la collecte du jour. Souvenons-nous que le ciel eſt notre patrie, que c'eſt notre héritage & notre royaume ; & parmi les miſères, les tentations & les combats de la vie préſente, ne connoiſſons pas de plus ſolide conſolation que l'eſpérance d'en ſortir bientôt, d'être réuni à notre Chef adorable dans le ſéjour éternel de la paix, de la félicité & de la gloire.

Mais ne nous flattons pas d'avoir part au royaume de Jeſus-Chriſt, ſans qu'il nous en coûte rien. Il y a pluſieurs demeures dans la maiſon de notre père ; mais il n'y a pas deux chemins pour y aller. Notre Chef n'y eſt arrivé que par la voïe de l'humilité & des ſouffrances : c'eſt par-là que nous devons marcher en le ſuivant. Si la difficulté du chemin & la vûe de notre foibleſſe nous effraye ; raſſurons-nous par la promeſſe que nous a faite notre Chef, qui eſt JESUS-CHRIST.

l'Italique de Petit-Texte ſert pour cette Mignone.

PETIT TEXTE, Numero III.

MICHELANGE MERIGI,
dit communement
MICHELANGE DE CARAVAGE,

NE' dans un Bourg du Milanois appellé Cara-vage, s'eſt rendu très-célebre par une maniere extrêmement forte, vraie, & d'un grand effet, de laquelle il eſt Auteur. Il peignoit tout d'après na-ture dans une chambre où la lumiere venoit de fort haut. Comme il a exactement ſuivi ſes model-es, il en a imité les défauts comme les beautés, car il n'avoit point d'autre idée que l'effet du natu-rel préſent. Il diſoit que les Tableaux qui n'étoient pas faits d'après nature, n'étoient que de la guenil-le, & que les figures qui les compoſoient n'étoient que de la carte peinte.

Sa maniere qui étoit nouvelle fut ſuivie de beau-coup de Peintres de ſon tems, & entr'autres du Manfredé & du Valentin. On ne peut nier que cette maniere ne ſoit d'une vérité ſurprenante, & qu'elle n'ait beaucoup de pouvoir ſur les yeux les plus éclai-rés. Elle a preſque entraîné l'Ecole des Caraches, car ſans parler du Guierchin, qui ne l'a jamais abandonnée, le Guide & le Dominiquin ont été tentés de la ſuivre : mais le goût du deſſein qui s'y trouve attaché, & le choix de ſa lumiere, tou-jours le même dans toutes ſortes de ſujets, les en a dégoûtés. Ses Tableaux ſont diſperſés dans les Cabinets de l'Europe ; il y en a pluſieurs à Rome & à Naples : il y en a un aux Dominicains d'Anvers, que Rubens appelloit ſon Maître.

Le mépris avec lequel il parloit des ouvrages d'autrui, lui attira des querelles, & ſurtout avec Joſepin, dont il ſe mocquoit ouvertement. Un jour la diſpute s'échauffa tellement entr'eux, que Mi-chelange, par un effet d'emportement, tira l'épée contre ſon Compétiteur, & il en coûta la vie à un jeune homme nommé Tomaſſin, qui tenant pour Joſepin, vouloit le ſéparer. Michelange après cette action fut contraint de chercher un azile chez le Marquis Juſtiniani, chez lequel il peignit l'in-credulité de ſaint Thomas, & un Cupidon, qui ſont des morceaux admirables.

PETIT TEXTE gros œil, N. IV.

HUBERT & JEAN VAN-EYK,

FReres, natifs de Maſſeyk ſur la Meuſe, ont été les premiers qui dans les Païs-bas aïent fait quelque choſe digne d'atten-tion : Auſſi doit-on les regarder comme les Fondateurs de l'Ecole Flamande. Hubert étoit l'aîné, & Jean qui étoit ſon éleve, tra-vailla avec tant d'aſſiduité, qu'il devint bien-tôt ſon égal. Ils avoient tous deux de l'eſ-prit & du génie. Ils travaillerent de concert & ſe rendirent fort célebres par leurs ouvrages. Ils peignirent pluſieurs ſujets pour Philippe le Bon Duc de Bourgogne. Le Tableau qu'ils firent pour l'Egliſe de Saint Jean de Gand, attira l'admiration du Public, & Philippe I. Roi d'Eſpagne n'en aïant pû obtenir l'origi-nal, en fit faire une copie qu'il emporta en Eſpagne. Le ſujet en eſt tiré de l'Apocalypſe, où les Viellards adorent l'Agneau. Ce Tableau eſt encore aujourd'hui regardé comme une merveille : il eſt fort frais, parce que l'on a eu ſoin de le conſerver ; il eſt couvert, & il ne ſe montre qu'aux jours de Fêtes, ou à la priere de quelque grand Seigneur.

Après la mort d'Hubert, qui arriva en 1426. Jean ſon frere ſe retira à Bruges, ce qui lui donna dans la ſuite le nom de Jean de Bruges. C'eſt lui, qui en cherchant des vernis pour donner plus de force à ſes ou-vrages trouva que l'huile de lin mêlée avec des couleurs, faiſoit un aſſez grand effet, ſans qu'il fût beſoin même d'aucun vernis. C'eſt à lui que la Peinture eſt redevable de la perfection où elle eſt parvenue depuis par le moïen de cette nouvelle invention. Ainſi les ouvrages de Jean de Bruges aïant aug-menté de beauté, ſe répandirent dans les Cabinets des Grands.

LE verbe étoit dès le commencement & le verbe étoit en Dieu, & le verbe étoit Dieu, & il étoit dès le commencement dans Dieu. Toutes chofes ont été faites par lui, & rien n'a été fait fans lui. La vie étoit en lui, & la vie étoit la lumiere des hommes : cette lumiere luit dans les tenébres & les tenébres ne l'ont point comprife. Il y eut un homme appellé Jean, envoyé de Dieu : celui là vint être témoin, pour rendre témoignage de la lumiere pour que tous crûffent par fon moyen. Mais quoiqu'il rendit témoignage de la lumiere, il n'étoit pas pourtant lui-même la lumiere. La lumiere véritable étoit celle qui éclaire tout homme venant en ce monde, il étoit dans le monde, & le monde a été fait par lui, & le monde ne la point connu. Il eft venu dans fon propre héritage, & les fiens ne l'ont pas reçû : il a donné le pouvoir d'être fait enfans de Dieu à tous ceus qui l'ont reçû & qui ont crû en fon nom, qui ne font pas nez du fang, ni des défirs de la chair ni de la volonté de l'homme mais de Dieu même. Et le Verbe s'eft fait chair, & il a habité parmi nous plein de grace & de vérité, & nous avons vû fa gloire qui eft la gloire du Fils unique du Pere.

Cet Italique fert pour le Petit Texte Gros Œil.

Je vous falue très-Sainte Marie, comme la Reine du Ciel la Porte du Paradis, & la Princeffe du monde. Vous êtes cette Vierge de merveilles, uniquement pure par excellence; puifque vous avez été conçue fans peché originel. Vous avez conçu fans aucune tache Jefus-Chrift le Sauveur du monde. Vous avez été véritablement pure avant votre enfantement, dans votre enfantement & après votre enfantement. Faites ô ma très-chere Dame, par vos faintes Prieres, que je vive purement, dévotement & faintement. Priez pour moi Jefus votre Fils bien-aimé, & recevez-moi après ma mort. Délivrez-moi de tous maux du corps & de l'ame ; & par vos puiffans mérites, faites que j'en délivre les autres. Que j'exerce fans ceffe ici has les oeuvres de miféricorde & qu'éternellement je me réjoüiffe avec vous dans la gloire du Paradis.

LE grand Maitre de Malthe étant informé que le grand feigneur faifoit équiper une puiffante flotte, rappella le commandeur de Guimerans, qui partit avec les galeres de la religion le huitiéme d'Avril. Le calife de Carvan vint rendre vifite au général & lui offrit toutes fortes de fecours. Mais le Scheich lui refufa cette civilité, quoiqu'il n'en fût qu'à neuf milles, craignant qu'on ne l'arrétât Le calife jura obéiffance au Roi catholique fur l'Alcoran en préfence de Monréal, fecretaire du général, & promit de payer tous les ans fix mille écus, quatre autruches & autant de gazelles & de faucons, pour le tribut. Tous les Maures qui l'accompagnoient firent un pareil ferment. Le général ayant reçû avis du grand-maitre, que la flotte Ottomane étoit partie de l'Isle de Goze, compofée de quatre-vingt-neuf galéres, pour fecourir Tripoli, & combattre l'armée chrétienne, fit embarquer promptement fes troupes & remit à la voile, laiffant dans l'isle de Gelves le colonel Baraona avec deux mille hommes de pied, Italiens, Efpagnols & Allemands. Le général de la flotte des Turcs qui avoit mouillé à feize milles de cette isle, détacha Kara Muftapha, bacha de Metelin, & un autre, pour aller reconnoitre l'armée chrétienne.

A vous feule, ô Mere de Dieu, eft juftement dû ce beau titre de Vierge, puifque les couches de votre Fils bien-aimé ne vous l'ont jamais ravi. Il vous appartient par miracle, comme il appartient par nature à celles qui n'ont jamais enfanté. O Vierge concevant fans connoiffance d'Homme ! Vierge chérie du Dieu des Hommes ; élevée fur toutes les Vierges, par le Verbe Vierge, & bien-aimée fur toutes les femmes par l'Efprit d'amour, comme créature de grace & exempte d'iniquité. Vous voyez du haut du Ciel, comme je fuis errant & flottant fur la mer orageufe de ce monde. Vous m'y voyez, puifque vous y éclairez comme une brillante Etoile. Conduifez-moi au port du Salut, vous qui n'avez rien plus à cœur que mon Salut, & par vos puiffantes interceffions, faites que je participe un jour à la plenitude de votre gloire.

Le grand-maître de Malthe étant informé que le grand seigneur faisoit équiper une puiſſante flotte, rappella le commandeur de Guimerans, qui partit avec les galéres de la religion le huitiéme d'Avril. Le calife de Carvan vint rendre viſite au général & lui offrit toutes sortes de ſecours. Mais le Scheich lui refuſa cette civilité, quoiqu'il n'en fût qu'à neuf milles, craignant qu'on ne l'arrêtât. Le calife jura obéiſſance au Roi catholique ſur l'Alcoran en préſence de Monréal, ſecretaire du général, & promit de païer tous les ans ſix mille écus, quatre autruches & autant de gazelles & de faucons, pour le tribut. Tous les Maures qui l'accompagnoient firent un pareil ſerment. Le général aiant reçû avis du grand maître que la flotte Ottomane étoit partie de l'Iſle de Goze, compoſée de quatre-vingt-neuf galéres, pour ſecourir Tripoli, & combattre l'armée chrétienne, fit embarquer promptement ſes troupes & ſe mit à la voile, laiſſant dans l'iſle de Gelves le colonel Baraona avec deux mille hommes de pied, Italiens, Eſpagnols & Allemands.

AUTRE PETIT ROMAIN Numero VIII.

DOMINIQUE ZAMPIERI,
DIT
LE DOMINIQUIN,

Né à Boulogne en 1581. d'une famille honnête, a été long-tems diſciple des Caraches. Il avoit l'eſprit tardif, mais excellent ; ce qu'il deſſinoit pour ſes études étoit fait avec tant de peine, & tant de circonſpection que les autres diſciples ſes camarades le regardoient comme un homme qui perdoit ſon tems ; ils diſoient que ſes ouvrages étoit labourés à la charrue, & ils l'appelloient le bœuf : mais Annibal qui connoiſſoit ſon caractere, leur dit que ce bœuf à force de labourer rendroit ſon champ ſi fertile qu'un jour il nourriroit la Peinture ; Prophétie ſi véritable, que les Tableaux du Dominiquin ſont aujourd'hui une ſource où il y a d'excellentes choſes à puiſer, & que les ouvrages publics que ce ſavant Peintre a faits à Rome, à Naples & à Grotta Ferrata, ſont des témoignages éternels de ſa grande capacité. Le Tableau de la Communion de ſaint Jerôme, qu'il fit à Rome pour l'Egliſe de ce Saint plut tellement au Pouſſin, que ce fameux Peintre comptoit la Transfiguration de Raphaël, la deſcente de Croix de Daniel de Volterre, & le ſaint Jerôme du Dominiquin, pour les trois plus beaux.

REFLEXIONS.

Je ne ſai que dire du génie du Dominiquin; je ne ſai pas même s'il y avoit quelque choſe dans l'ame de ce Peintre qui méritât ce nom, ou ſi la bonté de ſon eſprit & la ſolidité de ſes réflexions lui ont tenu lieu de génie & lui ont fait produire des Ouvrages dignes de la poſterité. Car il avoit apporté en naiſſant une humeur taciturne, & fort éloignée de cette activité que demande la Peinture. Les études de ſa jeuneſſe ont été obſcures, ſes premiers travaux mépriſés, ſa perſeverance traitée de tems perdu, & ſon ſilence de ſtupidité. La ſeule opiniâtreté dans le travail, malgré les conſeils & la riſée de ſes camarades, lui amaſſoit peu à peu en ſecret un tréſor de ſcience qui dévoit être découvert en ſon tems. Enfin ſon eſprit envelopé comme un Ver à ſoie dans ſa coque, après avoir long-tems travaillé dans une eſpece de ſolitude, ſe ſentant dévelopé des filets de l'ignorance, & échauffé par l'activité de ſes penſées, prit l'eſſor & ſe fit admirer de tout.

AUTRE PETIT ROMAIN Numero IX.

CEtte Sainte étoit fœur du grand Saint Benoît. Elle eut comme lui, le bonheur de fe confacrer à Dieu dès fa jeuneffe. Il y a beaucoup d'apparence que le lieu de fa retraite n'étoit pas éloigné du Mont Caffin, où faint Benoît demeuroit. Elle vifitoit fon frére une fois tous les ans : & le Saint fortoit de fon monaftére pour l'aller recevoir en un lieu qui étoit dans le voifinage & de la dépendance de cette maifon. Ces vifites fe paffoient dans les louanges de Dieu, & dans des entretiens fpirituels. Scolaftique étant venue un jour, felon fa coutume, Benoît l'alla recevoir, accompagné de quelques-uns de fes Religieux. Après qu'ils eurent paffé tout le jour à chanter des Pfeaumes, & à conférer des chofes du ciel, ils fe mirent à table fur le foir pour prendre leur réfection. Après le repas, Scolaftique pria inftamment fon frére de demeurer cette nuit avec elle, afin qu'ils puiffent s'entretenir jufqu'au lendemain matin du bonheur de l'autre vie. S. Benoît craignant de donner à fes difciples un exemple de relâchement, lui dit qu'il ne pouvoit paffer la nuit hors de fon monaftére.

PETIT ROMAIN GROS-ŒIL, Numero X.

Nous venons tout ravis de vos foins bienfaifans,
Vous payer nos tributs, vous offrir nos préfens.
Mais que votre bonté, s'il lui plaît, daigne entendre,
Un fujet de frayeur qui nous a dû furprendre.
L'or qu'à vos Officiers nous avions préfenté,
En partant de ces lieux, nous l'avons remporté.
Sans pouvoir découvrir d'où l'erreur eft venuë;
Seigneur, pour réparer une faute inconnuë,
Nous venons à vos pieds offrir tous nos tréfors,
Et tout ce que de rare on trouve fur nos bords.
Foibles dons, il eft vrai; mais dans notre impuiffance
Qui marquera jamais notre reconnoiffance ?
Nous vous avons choifi ce que l'on offre aux Dieux,
Des parfums parmi nous eftimés précieux ;
Et de l'arbre odorant tiré des larmes pures,
Infaillible remede aux fanglantes bleffures
Utile à conferver le fil de ces beaux jours,
Qui ne devroient jamais finir leur noble cours.
C'eft ce que par nos mains notre Pere vous donne.
Son efpoir & le nôtre à vous feul s'abandonne ;
D'une jufte frayeur nous étions agités.
Mais nous reconnoiffons vos auguftes bontés,

DEdier une Eglife, c'eft la deftiner par des cérémonies particulieres à être la maifon de Dieu, où les fidéles s'affemblent pour prier, pour écouter fa parole, pour chanter fes louanges, pour célébrer les faints Myfteres, & pour recevoir les Sacremens.

On renouvelle tous les ans dans chaque Eglife la mémoire de fa Dédicace; & l'Office de cette Fête folemnel. Afiftons-y avec piété, & faifons attention qu'il y a un rapport admirable entre les édifices matériels qui font confacrés par l'Evêque, & l'édifice fpirituel qui fe conftruit chaque jour, & qui ne fera achevé qu'à la fin du monde. Cet édifice fera compofé de tous les Elus, qui, unis à J. C. leur chef, compoferont un jour l'Eglife triomphante, la Cité de Dieu.

PHILOSOPHIE, Numero XI.

Fançois Primatice, né à Bologne de parens Nobles, qui lui voyant une forte inclination au Deſſein, le laiſſerent aller à Mantoue, où il fut ſix ans ſous la diſcpline de Jules Romain ; il ſe rendit ſi habile en cet eſpace de tems, que ſur ſes deſſeins il faiſoit des Batailles de Stuc en Bas-reliefs, & ſurpaſſoit en cela & en Peinture les autres Eleves qui étoient à Mantoue.

Il travailloit ainſi à aider Jules Romain dans l'exécution de ſes Deſſeins, lorſque le Roi François Premier ayant fait demander en 1531. un jeune homme qui entendît bien les Ouvrages de Stuc, on lui envoya le Primatice. La confiance que le Roi avoit en l'habilité de ce Peintre, fit que Sa Majeſté l'envoya à Rome en 1540. pour des Antiques. Il en rapporta cent vingt-quatre ſtatues avec quantité de Buſtes, & fit mouler par Jacque Baroches de Vignole la Colonne Trajane, & les Statues de Venus, de Laocon, de Commode, du Tibre, du Nil, de la Cléopatre de Belve-dere.

☞ l'Italique de Petit-Romain gros-œil, ſert pour la Philoſophie.

CICERO, Numero XII.

Es Saints ſouffrirent le martyre à Smyrne, ville d'Aſie, dans la perſécution de l'Empereur Marc-Aurele, l'an cent ſoixante-ſix. Germanique ayant été arrêté avec onze ou douze autres Chrétiens, par ordre de Statius Quadratus Gouverneur d'Aſie, on les mena à Smyrne, où réſidoit ce magiſtrat. Voici ce que l'Egliſe de Smyrne nous apprend de leur martyre dans la Lettre qu'elle écrivit aux autres Egliſes ſur le martyre de ſaint Policarpe, qui ſuivit de près celui des Saints dont nous parlons.

» Qui n'admirera, diſent les fideles de Smyrne, le courage de ces Saints martyrs,
» leur patience, leur foi, leur amour pour Dieu ? Ils ont été tellement déchirés à coups
» de fouets, qu'on leur voyoit les veines, les arteres & juſqu'aux entrailles. Au milieu
» de ces cruels tourmens ils demeuroient fermes ; & tandis que les ſpectateurs étoient
» attendris juſqu'à verſer des larmes, ces genereux ſoldats de J. C. ne jettoient pas le
» moindre cri, ni le moindre ſoupir. C'eſt qu'ils n'étoient plus alors dans leurs corps ;
» ou plutôt c'eſt qu'ils étoient attentifs à la voix de J. C. qui étoit en eux, & qui parloit
» à leur cœur ; & la joie de ſa préſence leur faiſoit mépriſer tous les tourmens. Ils ſe
» trouvoient heureux d'éviter des ſupplices éternels.

JEAN D'AC,

Appellé ainſi, à cauſe que ſon pere étoit d'Aix-la-Chapelle ; car pour lui, il étoit né à Cologne en 1556. Après avoir été quelque tems ſous la diſcipline de Spranger, il alla étudier ſa profeſſion dans les principales Villes d'Italie ; de-là il repaſſa en Allemagne, où l'Empereur Rodolphe le prit en affection & le renvoya à Rome pour y deſſiner les Antiques. Il ne faut pas s'étonner des ſoins où deſcendoit ce Prince, pour avancer les ouvriers, en qui il voyoit du génie.

AUTRE CICERO, Numero XIII.

RAMBRAN VAN REIN.

LE surnom de Van Rein lui vient du lieu de sa naissance qui est un Village situé sur le bras du Rhin qui passe à Leyde ; il étoit fils d'un Meûnier, & disciple d'un assez bon Peintre d'Amsterdam appellé Lesman : mais il ne devoit la connoissance qu'il a acquise dans sa profession qu'à la bonté de son esprit & à ses réflexions. Il ne faut néanmoins chercher dans ses ouvrages, ni la correction du dessein, ni le goût de l'antique. Il disoit lui-même, que son but n'étoit que l'imitation de la nature vivante, ne faisant consister cette nature que dans les choses créées, telles qu'elles se voient. Il avoit de vieilles armures, de vieux instrumens, de vieux ajustemens de tête, & quantité de vieilles étoffes ouvragées ; & il disoit que c'étoient-là ses antiques. Il ne laissoit pas, malgré sa manière, d'être curieux de beaux desseins d'Italie, dont il avoit un grand nombre aussi bien que de belles Estampes, dont il n'avoit pas profité, tant il est vrai que l'éducation & l'habitude ont beaucoup de pouvoir sur nos esprits. Cependant il a fait quantité de Portraits, d'une force, d'une suavité & d'une vérité surprenantes.

AUTRE CICERO, Numero XIV.

Ce Cicero là est celui qui a fait l'avis qui est au commencement de ce Livre, c'est ce qui fait que l'on n'en a point fait ici une épreuve, comme des autres Caractéres ; l'on place seulement son Numero, pour ne point interrompre l'ordre que l'on veut observer dans cet Ouvrage, en faisant suivre chaque corps, comme l'usage le prescrit.

CICERO GROS-ŒIL, Numero XV.

IL sçut gré à M. de Piles de son travail, & revit avec soin sa traduction. La mort qui le surprit avant que M. de Piles eut achevé les remarques, lui déroba le plaisir de voir ses préceptes expliqués dans toute leur étendue avec une clarté & une intelligence merveilleuses.

Cet ouvrage qui est le premier que M. de Piles ait composé, n'a pourtant pas paru le premier. Car comme le manuscrit de M. de Piles étoit parmi les papiers de du Fresnoy, qui à sa mort furent mis entre les mains de M. Mignard, M. de Piles fut quelques années sans le ravoir. On ne peut pas soupçonner que cet habile Peintre eut peine à voir publier en François le secret de son Art. Il est plus juste de croire que M. Mignard avoit une si haute idée du poëme Latin, que selon lui, nulle traduction ne pourroit lui faire honneur. Ce fut apparemment dans cette vûe qu'il se contenta de le faire paroître en Latin ; mais le peu de débit qu'eut l'ouvrage fit voir qu'il s'étoit trompé.

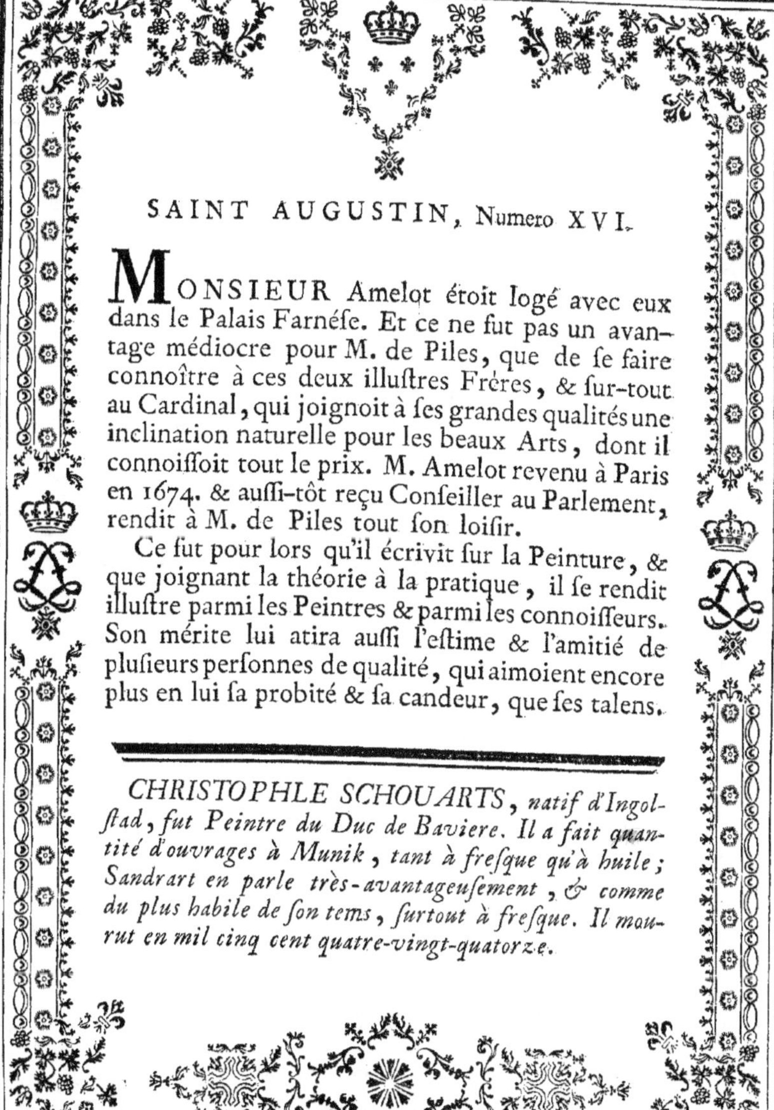

MONSIEUR Amelot étoit logé avec eux dans le Palais Farnéfe. Et ce ne fut pas un avantage médiocre pour M. de Piles, que de fe faire connoître à ces deux illuftres Fréres, & fur-tout au Cardinal, qui joignoit à fes grandes qualités une inclination naturelle pour les beaux Arts, dont il connoiffoit tout le prix. M. Amelot revenu à Paris en 1674. & auffi-tôt reçu Confeiller au Parlement, rendit à M. de Piles tout fon loifir.

Ce fut pour lors qu'il écrivit fur la Peinture, & que joignant la théorie à la pratique, il fe rendit illuftre parmi les Peintres & parmi les connoiffeurs. Son mérite lui atira auffi l'eftime & l'amitié de plufieurs perfonnes de qualité, qui aimoient encore plus en lui fa probité & fa candeur, que fes talens.

CHRISTOPHLE SCHOUARTS, natif d'Ingolftad, fut Peintre du Duc de Baviere. Il a fait quantité d'ouvrages à Munik, tant à frefque qu'à huile; Sandrart en parle très-avantageufement, & comme du plus habile de fon tems, furtout à frefque. Il mourut en mil cinq cent quatre-vingt-quatorze.

ET ancien Préfident du grand Confeil, en le lui propofant pour l'éducation de fon fils qui avoit fept ans. Un homme fage eft bien heureux quand il donne fes foins à un enfant dont le naturel fe porte de lui-même à la vertu. C'eft ce qui rendit fi agréable à M. de Piles un emploi que les autres trouvent fi rude. Il entra donc chez M. le Préfident Amelot en 1662. & demeura auprès de fon fils pendant tout le cours de fes études, qui fut d'environ neuf ans. Il voïoit avec raviffement le fuccès de fes foins, qui d'ailleurs ont été la fource de fa fortune, & de la grande confidération qu'il a eue depuis dans le monde. Il a toujours confervé un attachement véritable pour toute la maifon de Meffieurs Amelot, & il en a toujours été traité avec beaucoup d'amitié & de diftinction : M. le Préfident, pére de fon éléve, avoit folidement travaillé à lui faire un établiffement. Et après fa mort, qui arriva en 1671, Madame la Préfidente Amelot continua toujours d'avoir chez elle M. de Piles, & pour reconnoître fes fervices, elle lui donna un fonds confidérable, qui placé fur l'Hôtel de Ville de Lyon, pouvoit le mettre à fon aife le refte de fa vie.

Au commencement de l'année 1673. M. Amelot qui avoit alors dix-huit ans, & qui venoit de finir fon Droit, alla en Languedoc avec fon oncle l'Evêque de Lavaur, celui qui depuis fut Archevêque de Tours.

NICOLAS LOIR

DE Paris, fils d'un habile Orfévre, ne manquoit pas de génie pour inventer, ni de feu pour exécuter. Il n'y avoit néanmoins rien en cela qui paffât le Peintre ordinaire. On n'y remarque, ni fineffe de penfée, ni caractère particulier qui eût quelque élévation. Il avoit un bon Goût de deffein, de la propreté & de la facilité dans ce qu'il faifoit ; & fans fe donner le tems de digerer fes penfées, à peine les avoit-il produites qu'il exécutoit, fouvent même en difcourant avec le monde, par la grande habitude qu'il s'étoit acquife, & par l'heureufe mémoire des chofes qu'il avoit vûes en Italie. Il ne demeuroit court fur aucun fujet, & faifoit également bien les Figures.

AVEC des dépêches de conféquences, il revint par Madrid ; & comme rien ne le preffoit, il y demeura huit jours pour voir les magnifiques Tableaux du Roi d'Efpagne, tant au Palais de Madrid, qu'à l'Efcurial. Le Marquis de Falquiere qui étoit alors Ambaffadeur du Roi en Efpagne, fit à M. de Piles tout l'acueil que méritoit la place qu'il occupoit, & la réputation qu'il avoit de vertu, d'efprit & d'intelligence.

M. de Piles ne pouvoit quitter M. Amelot. Il le fuivit dans l'ambaffade de Suiffe en mille fix cent quatre-vingt-neuf, il y figna le Traité de paix, neutralité, que M. Amelot avoit conclue avec les Cantons ; & parce que ce traité étoit très-agréable au Roi, M. Amelot, pour donner une marque de diftinction à M. de Piles, le chargea de le porter à Sa Majefté.

Horace Vecelli, faifoit des Portraits dans la manière de fon Père. Il n'a fait que peu d'autres Ouvrages, car la Chimie l'occupoit plus que la Peinture. Il mourut de la Pefte à la fleur de fon âge, la même année que fon Pere, qui fut celle de mil cinq cent foixante-feize.

ÉCRIVIT à M. Amelot de difpofer M. de Piles à aller en Allemagne voir les riches Cabinets que l'on difoit y être en grand nombre, fur-tout à Gratz, afin d'y achetter des Tableaux pour le Roi. Mais il ordonna en même tems à M. de Piles de paffer à Vienne, où le Marquis de Chiverny étoit alors Envoïé extraordinaire du Roi; & de s'informer exactement de la fituation des affaires. M. de Piles aïant exécuté avec tout le foin poffible cette commiffion, revint à Paris en rendre compte au Miniftre, & rejoindre M. Amelot qui partit en 1685. pour Lifbonne, où il l'accompagna en la même qualité qu'il avoit eue auprès de lui à Venife. Comme on avoit parlé de marier M. le Prince de Conti le dernier mort, qui étoit alors Prince de la Roche-fur-Yon, avec l'Infante de Portugal, fille du premier lit du feu Roi Pierre II.

Homtorst, d'Utrecht, né en mil cinq cent quatre-vingt douze, paffoit pour un des premiers Peintres de fon tems. Il a été difciple de Blomart. Il alla enfuite à Rome, où après fes études de deffein, il s'exerça à faire des fujets de nuit avec tant d'application & de fuccès, que perfonne jufqu'ici ne les a mieux repréfentés. Etant de retour à Utrecht, il fit plufieurs Tableaux d'Hiftoire. Il étoit fi reglé dans fes mœurs, & fi honnête dans fes manières, qu'il s'étoit attiré la plûpart des enfans de qualité d'Anvers, qui alloient apprendre à deffiner chez lui. Il montra aussi à deffiner & à peindre aux enfans de la Reine de Bohéme, Sœur de Charles Roi d'Angleterre, c'eft-à-dire, à deux fils : fçavoir, le Prince Palatin, & le Prince Robert, & à quatre filles.

Le Verbe étoit dès le commencement, & le Verbe étoit en Dieu, & le Verbe étoit Dieu, & il étoit dès le commencement dans Dieu. Toutes choses ont été faites par lui & rien n'a été fait sans lui, & la vie étoit la lumiere des hommes : cette lumiere luit dans les tenebres & les tenebres ne l'ont point comprise. Il y eut un homme appellé Jean envoyé de Dieu : celui-là vint être témoin, pour rendre témoignage de la lumiere afin que tous crussent par son moyen. Mais encore qu'il rendît témoinage de la lumiere il n'étoit pas pourtant lui-même la lumiere. La lumiere véritable étoit celle qui éclaire tout homme venant en ce monde, il étoit dans le monde & le monde a été fait par lui, & le monde ne l'a point connu.

HORACE VECELLI

Fils du Titien,

Faisoit des Portraits dans la manière de son Pére. Il n'a fait que peu d'autres Ouvrages, car la Chimie l'occupoit plus que la Peinture. Il mourut de la Peste à la fleur de son âge, la même année que son Pere, qui fut celle de mil cinq cens soixante - six

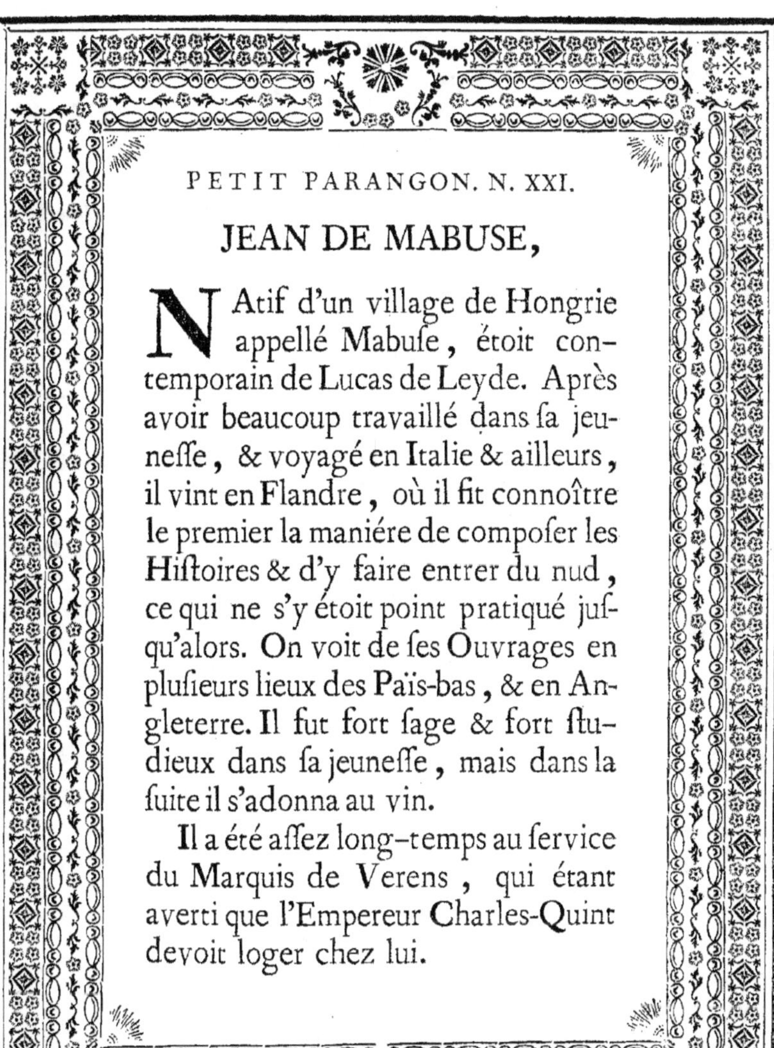

JEAN DE MABUSE,

NAtif d'un village de Hongrie appellé Mabuſe, étoit contemporain de Lucas de Leyde. Après avoir beaucoup travaillé dans ſa jeuneſſe, & voyagé en Italie & ailleurs, il vint en Flandre, où il fit connoître le premier la maniére de compoſer les Hiſtoires & d'y faire entrer du nud, ce qui ne s'y étoit point pratiqué juſqu'alors. On voit de ſes Ouvrages en pluſieurs lieux des Païs-bas, & en Angleterre. Il fut fort ſage & fort ſtudieux dans ſa jeuneſſe, mais dans la ſuite il s'adonna au vin.

Il a été aſſez long-temps au ſervice du Marquis de Verens, qui étant averti que l'Empereur Charles-Quint devoit loger chez lui.

GERARD SEGRE,

D'Anvers, alla à Rome, & après y avoir étudié quelque tems les principes de son art, il se jetta entierement dans la maniere de Manfrede : il l'a suivie très-long-tems & a dans la suite enrichi, pour ainsi dire, sur la force & sur l'union des couleurs de ce Peintre, comme on le peut voir par les ouvrages qu'il a faits à Anvers : mais la maniere de Rubens & celle de Vandyk s'étant emparées de l'approbation universelle ; Segre fut contraint de changer la sienne pour vendre ses Tableaux, en quoi il reussit fort bien, ayant l'esprit bon & flexible ; & étant d'ailleurs solidement fondé dans les regles de son art. Il est mort à Anvers en 1651. & a laissé un fils qui a suivi la même profession.

ANTOINE VANDEIK

NÉ à Anvers en mil cinq cent quatre-
vingt dix-neuf, a eu le plus heureux Pinceau
qui ait paru jusqu'ici, ſi l'on en excepte celui
du Correge, qui ſeul peut lui disputer. Van-
deik a été premierement disciple de Jean Bale,
puis de Rubens, qu'il aida dans ſes ouvrages
les plus considerables : il alla en Italie, & fut
peu de tems à Rome : il s'arrêta davantage à
Venise, où il écréma, pour ainsi dire, le Ti-
tien & toute ſon Ecole, pour fortifier ſa maniere. Il en donna des preuves dans la Ville de
Gennes où il fit quantité de beaux Portraits,
& où ſes ouvrages triompherent d'une cabale
de jaloux qui s'étoient élevés contre lui.

A ſon retour en Flandre il fit pluſieurs
Tableaux d'hiſtoire qui rendirent ſon nom ce-
lebre de toutes parts : mais comme il previt qu'il
ſeroit beaucoup plus emploïé dans les Cours
des Princes à faire des Portraits, & que ce

GUillaumè Kay, de Breda, avoit étudié à Liege avec Franc Flore, fous Lambert Lombard. Sandrart après l'avoir loué comme un habile Peintre, en fait l'éloge comme d'un très-honnête homme : il demeuroit à Anvers, où il vivoit d'une maniere magnifique en toutes chofes ; il a fait un grand nombre de Portraits peu inferieurs à ceux d'Antoine More.

Un jour qu'il faifoit le Portrait du Duc d'Albe, & qu'il avoit feint qu'il n'entendoit pas l'Efpagnol, un Officier de la Juftice criminelle vint demander à ce Duc fes ordres touchant le Comte d'Egmont, à quoi il répondit qu'on l'exécutât fans perdre de tems. Cet ordre fit tant d'impreffion fur l'efprit du Peintre, qui aimoit la Nobleffe de fon Païs, qu'étant retourné chez lui, il tomba malade, & en mourut en mil cinq cent foixante-neuf.

GROS PARANGON

L'Ecriture nous dit que la parole de Dieu est une semence, elle tombe sur le cœur de David, elle le trouve adultere & homicide, & elle en fait un homē contrit & pénitent. Elle tombe dans le cœur de la Pécheresse elle trouve une Idole du péché, un monstre d'iniquité, & elle en fait un modéle de vertu, un prodige d'amour; elle tombe dans le cœur de Mathieu, elle trouve un Publicain, un Usurier, elle en fait un Apôtre & un Evangeliste.

ITALIQUE DE PARANGON

elle tombe dans le cœur de Paul, elle trouve un persécuteur & elle en fait un Disciple. Si cette semence tomboit sur le cœur des Sçavans, des Philosophes, & des sages du monde,

DAns les attitudes la Pondération & le Contraſte ſont fondés dans la Nature. Elle ne fait aucune action qu'elle ne faſſe voir ces deux parties; & ſi elle y manquoit, elle ſeroit, ou privée de mouvement, ou contrainte dans ſon action : quant aux expreſſions, c'eſt la pierre fondamentale des Peintres.

Cette perfection dans la peinture eſt admirable.

PETIT CANON, Numero XXVII.

La vertu eſt le bien le plus précieux que doit poſſeder l'homme, auſſi n'eſt pas homme qui eſt ſans vertu.

AUTRE PETIT CANON, Numero XXVIII.

L'Homme ſe plaint toujours quand il lui arrive quelqu'infortune, il en accuſe le ſort, mais lorsqu'il proſpère il en attribue à lui ſeul toute la gloire.

Heureux ceux à qui Dieu met dans le cœur un desir sincere de se sauver ! Disons, comme Saint Dositée : Je veux me sauver ; mais disons - le sincerement.

Seigneur, soiez le Sauveur & le Libérateur de ma volonté, & exercez sur elle la toute puissance de votre main libératrice.

VARIN Peintre, natif d'Amiens peignoit à Paris avec aſſez de ſuc-cès ; & c'eſt de ſa main que nous avons le tableau du grand Autel de l'Egliſe des Carmes Déchauſſés près le palais Luxembourg. Il eſt d'autant plus raisonnable d'en faire mention, qu'il a aidé le Pouſſin.

HUMBLEMENT proſterné à vos pieds, ô très-doux Jeſus, je déſire les arroſer de mes larmes, pénétré du déplaiſir de mes péchez. Ayez pitié de cette pauvre & vile créature.

FRANÇOIS VANIUS, de Sienne a été Disciple du Baroche sans lui être inferieur. Il avoit un talent extraordinaire pour les sujets de dévotion. Il est mort âgé de quarante-sept ans.

IRLANDOIS

abbcdefjlmnoppvrtu XCCDEJJLmM NOPLRYSTU

HEBREU

GREC DE CICERO.

NON.

ON,

GON.

ON.

GON.

ROMAIN,

DEUX CANON.

PETIT CANON,

GROS PARANGON.

PETIT PARANGON.

PETIT PARANGON.

DEUX POINTS DE GROS ROMAIN,

AUGUSTIN,

IN,

ICERO,

ROMAIN,

EXTE,

TEXTE.

DEUX POINTS DE SAINT AUGUSTIN,
SAINT AUGUSTIN,
DEUX POINTS DE CICERO,
DEUX POINTS DE PETIT ROMAIN,
DEUXP OINTS DE PETIT TEXTE;
DEUX POINTS DE PETIT TEXTE.

ACCOLADES SUR TOUTES SORTES DE CORPS.

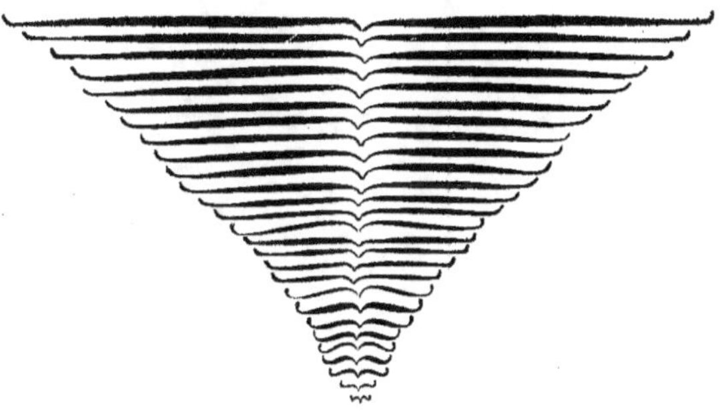

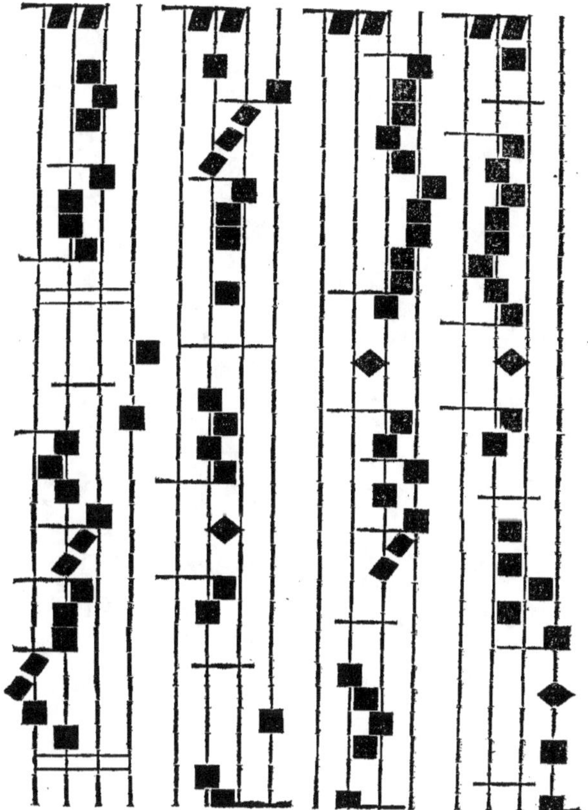

F Actum eft, dum pertranfi-ret
u-niver-fos, inve-nit ho-minem jacen-
tem in graba- to, * Et a- it il-
li; Sanat te Do-minus Je fus Chri-
ftus. Surge; & † Continuo fur-re- xit
℣ Nullo fi-bi auxi- lium ferente,)
jacebat mu- tus, atque omni fpe

H

DEUX POINTS DE CICERO.

DEUX POINTS PETIT ROMAIN.

Nota. Quoique je ne donne ici pour exemple que ces fortes de Notes, j'en ai depuis les quatre points de Parangon, jufques & compris les deux points de Petit-Romain, tant rouge & noir, que tout noir.

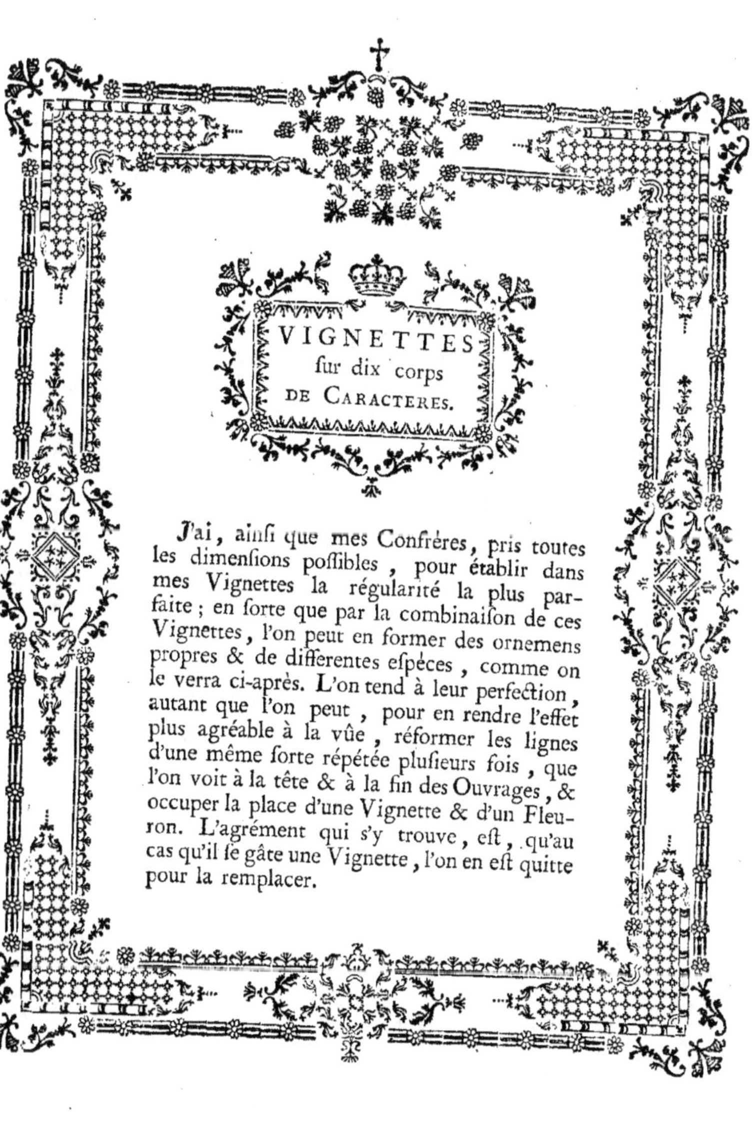

VIGNETTES
sur dix corps
DE CARACTERES.

J'ai, ainſi que mes Confréres, pris toutes les dimenſions poſſibles, pour établir dans mes Vignettes la régularité la plus parfaite ; en ſorte que par la combinaiſon de ces Vignettes, l'on peut en former des ornemens propres & de differentes eſpéces, comme on le verra ci-aprés. L'on tend à leur perfection, autant que l'on peut, pour en rendre l'effet plus agréable à la vûe, réformer les lignes d'une même ſorte répétée pluſieurs fois, que l'on voit à la tête & à la fin des Ouvrages, & occuper la place d'une Vignette & d'un Fleuron. L'agrément qui s'y trouve, eſt, qu'au cas qu'il ſe gâte une Vignette, l'on en eſt quitte pour la remplacer.

DEUX POINTS DE PARANGON.

DEUX POINTS DE GROS ROMAIN.

PETIT CANON

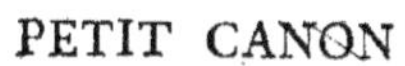  

PARANGON.

9

10

11

12

13

14

15

GROS ROMAIN.

16

17

18

19

20

21

22

23

24

25

26

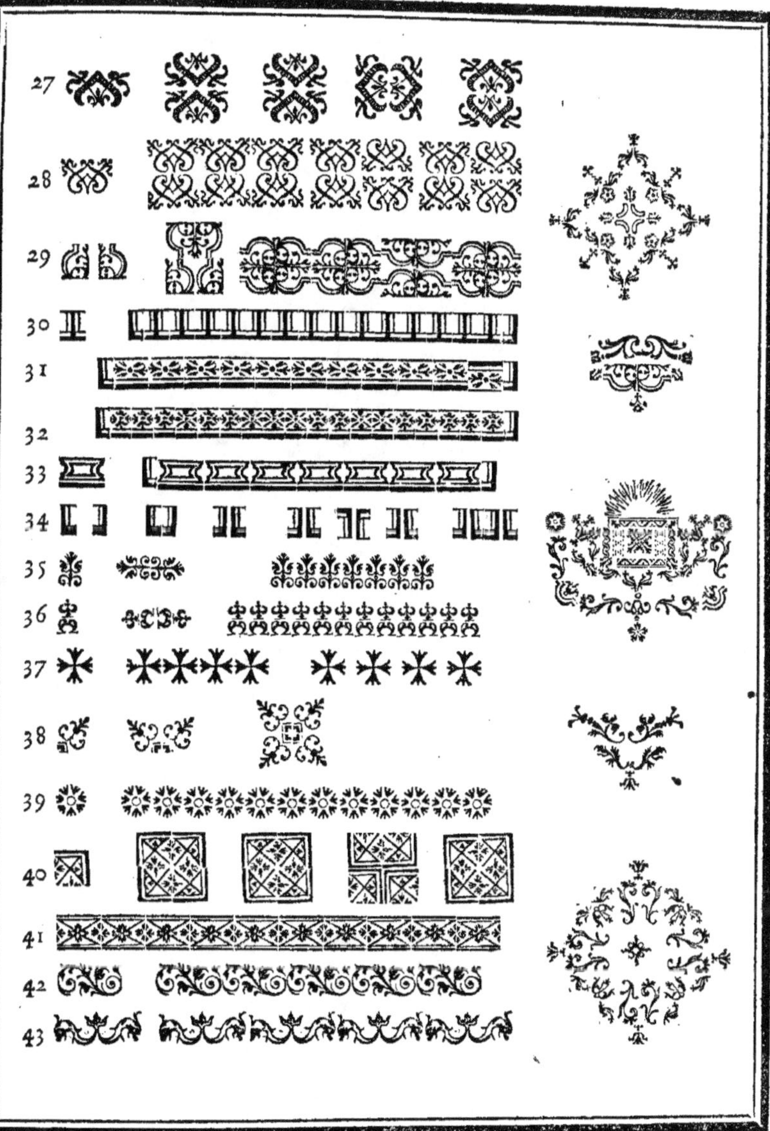

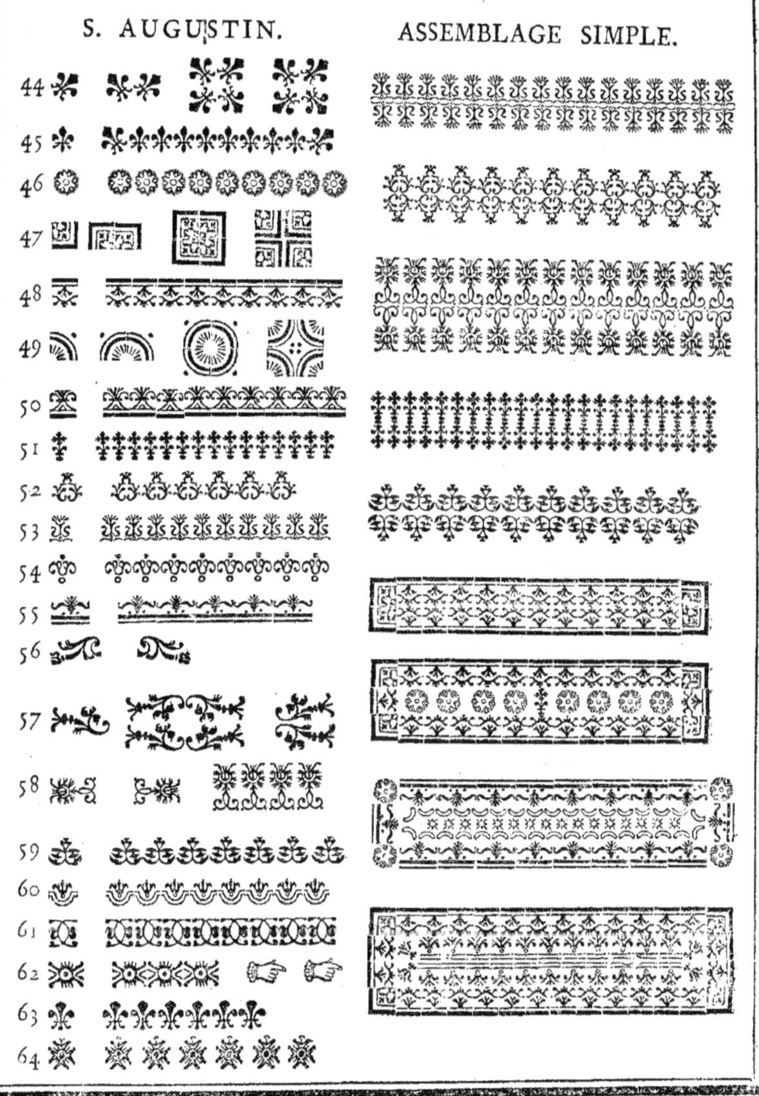

65

66

67

68

69

70

71

72

73

74

75

76

77

78

79

80

81

82

83

84

85

86

87

PETIT ROMAIN.

88

89

90

91

92

93

94

95

96

97

98

99

100

101

102

103

104

105

106

107

108

109

110
111
112
113
114
115
116
117
118
119
120

PETIT TEXTE.

121
122
123
124
125
126
I27
128
129
130
131
132
133
134
135
136
137
138

139
140
141
142
143
144

L.

NOMPAREILLE.

145
146
147
138
149
150
151
152
153
154
155
156
157
158
159
160
161
162
163
164
165
166
167

168

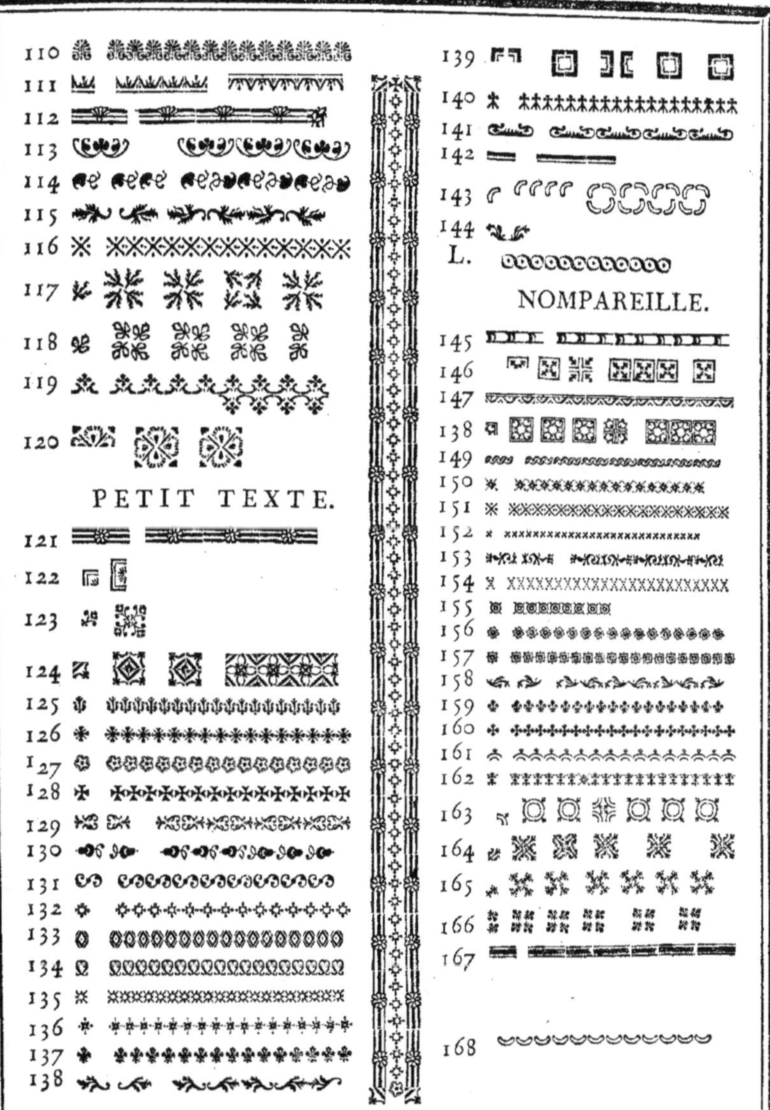

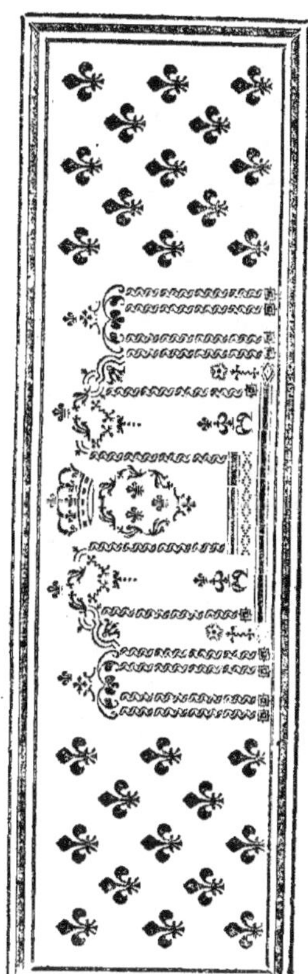

L

G

A

H